Índice

Capítulo I

El legado oculto

La lluvia golpeó los cristales de la ventana de la pequeña cafetería donde Helena había quedado con el misterioso señor Anderson. Su encuentro había sido concertado con una nota anónima que había llegado a sus manos esa mañana, despertando su curiosidad y alimentando su afición por los enigmas y las historias intrigantes.

El señor Anderson, un hombre de apariencia elegante y misteriosa, se sentó frente a Helena con una mirada penetrante. Parecía cargar con el peso de los años y una gran historia oculta.

"Señorita Helena, he hablar oído de su pasión por los misterios y su habilidad para resolverlos", dijo el señor Anderson en tono enigmático. "Tengo una historia para usted, un legado oculto que necesita ser descubierto".

Helena, sorprendida por sus palabras, le instó a continuar. El señor Anderson le contó la leyenda de una antigua mansión, ubicada en las afueras del pueblo. Según la historia, la mansión estaba llena de secretos y había sido abandonada durante décadas. Se decía que guardaba un tesoro perdido y un misterio que ningún otro había logrado resolver.

"¿Y por qué me cuenta esto a mí?", preguntó Helena, intrigada.

"Porque he visto su determinación y su perspicacia en cada uno de sus casos anteriores", respondió el señor Anderson. "Siento que está destinado a desvelar el enigma que rodea esta mansión olvidada y reclamar su legado oculto".

La mente de Helena se llenó de emociones encontradas: excitación, intriga y una pizca de temor. Aceptó el desafío, consciente de que su vida daría un giro inesperado.

Juntos, Helena y el señor Anderson se dirigieron hacia la mansión abandonada. La lluvia había cesado, pero el aire seguía cargado de misterio. Al entrar en la mansión, un escalofrío recorrió la espalda de Helena. Las habitaciones estaban cubiertas de polvo y telarañas, como si el tiempo se hubiera detenido allí.

En su búsqueda, encontrará una habitación secreta detrás de un viejo armario. Helena empujó la puerta, revelando un espacio oscuro y lleno de objetos antiguos. En el centro de la sala había un cofre de madera cubierto de inscripciones enigmáticas.

Con cuidado, Helena abrió el cofre y descubrió una serie de pergaminos. Eran mapas antiguos, señalando épocas desconocidas y secretos enterrados.

Capítulo II

Un anuncio misterioso

La lluvia había cesado, dejando un aire fresco y húmedo en el ambiente. Julia caminaba por las calles adoquinadas de la ciudad, emocionada y llena de expectativas. La imagen del anuncio misterioso se repetía en su mente una y otra vez. ¿Qué tesoro se ocultó en aquella mansión abandonada? ¿Cuál era el secreto ancestral al que hacía referencia?

El reloj marcaba las 9:30 am cuando Julia llegó al lugar indicado. Al acercarse a la mansión, vio a otras personas reunidas frente a la imponente fachada. Sus rostros reflejaban una mezcla de emoción, curiosidad y una pizca de nerviosismo.

De repente, una figura vestida de negro salió de las sombras. Era el Sr. Blackwood, el misterioso organizador del desafío. Su mirada penetrante recorría a los participantes mientras comenzaba a hablar con voz profunda y enigmática.

"¡Bienvenidos, valientes buscadores del tesoro!", anunció el Sr. Blackwood. "Están a punto de embarcarse en una aventura que desafiará sus habilidades, su ingenio y su valentía. Pero solo aquellos que se atrevan a enfrentar los desafíos más arriesgados serán dignos de descubrir el secreto ancestral y el tesoro que aguarda dentro de estas paredes".

El corazón de Julia latía con fuerza mientras escuchaba las palabras del enigmático organizador. Se había preparado para enfrentar cualquier desafío, pero no podía evitar sentir una ligera aprensión.

El Sr. Blackwood siguió explicando las reglas del juego. Los participantes deben formar equipos de cuatro personas, cada uno con habilidades complementarias. Aunque Julia era una jugadora solitaria por naturaleza, entendió que para tener éxito en este desafío, necesitaría la ayuda y el apoyo de otros.

Observando a su alrededor, Julia notó a tres personas que parecían igualmente entusiasmadas y resultaron a descubrir el misterio. Se acercaron a ellos y, después de algunas presentaciones, formaron un equipo diverso pero equilibrado.

Mark resultó un brillante, con una mente lógica y analítica. Emily era una historiadora apasionada por los enigmas históricos y culturales, y David, un fotógrafo talentoso, poseía una visión artística única y una gran atención al detalle. Julia se sintió afortunada de contar con un equipo tan talentoso y variado.

Con su equipo formado, se dirigieron al interior de la mansión. El lugar estaba oscuro y cubierto de polvo. Las ventanas rotas dejaban entrar haces de luz que dibujaban sombras inquietantes en las paredes. Un escalofrío recorrió la espalda de Julia, pero se negó a dejar que el miedo la dominara.

El primer desafío los llevó a una sala llena de retratos antiguos. Cada uno de ellos representaba a una persona con expresiones enigmáticas y miradas penetrantes. Parecía que los ojos de los retratados seguían a Julia y su equipo mientras se acercaban cautelosamente.

El Sr. Blackwood explicó las reglas del desafío: podrían encontrar el retrato correcto que contenía una pista oculta para avanzar al siguiente nivel. Julia y su equipo examinaron detenidamente cada cuadro, buscando pistas sutiles. Mark sugirió buscar algún detalle inusual o patrones ocultos en los retratos. Emily grabó una leyenda sobre la familia que solía habitar la mansión y sugirió que las pistas podrían estar relacionadas con su historia.

Después de un tiempo, David dijo un retrato en particular. Mostraba a un hombre con una mirada enigmática y un sombrero elegante. En la esquina inferior derecha del cuadro, había una inscripción casi invisible. Julia se acercó y lo limpió cuidadosamente. Las letras revelaron una frase en latín: "Veritas inveniatur in lumine" (La verdad se encuentra en la luz).

Con la pista en mano, el equipo se dirigió a una sala adictiva. Allí se encontró un antiguo candelabro con un mecanismo complicado. Trabajaron juntos para resolver el rompecabezas y encender las velas. A medida que las llamas parpadeaban, una puerta secreta se abrió en la pared.

El equipo de Julia intercambió miradas de emoción y determinación. Sabían que estaban un paso más cerca de desvelar el misterio ancestral y el tesoro prometido. Con cada desafío superado, su confianza y conexión se fortalecerían.

Se adentraron en el pasaje secreto, listos para enfrentar nuevos obstáculos y desvelar los secretos que aguardaban en lo profundo de la mansión abandonada. La emoción de la aventura llenaba el aire mientras avanzaban hacia lo desconocido, decidida a resolver el enigma y reclamar el tesoro que les esperaban en las sombras.

Capítulo III

Tras las puertas de la mansión

Julia y su equipo avanzaron por el pasaje secreto que se abría ante ellos, guiados por la tenue luz de las antorchas que portaban. Cada paso aumentaba la emoción y el suspenso, sabiendo que estaban a punto de descubrir lo que se ocultaba tras las puertas de la mansión abandonada.

Finalmente, llegaron a una imponente puerta de madera tallada. La madera crujía bajo sus manos al empujarla, revelando una habitación majestuosa y decadente. El polvo flotaba en el aire, difuminando la luz que se filtraba por las ventanas, otorgando un aspecto fantasmagórico al lugar.

A medida que exploraban la habitación, se encontraron con objetos cubiertos de un velo de misterio. Muebles antiguos, retratos de rostros desconocidos y libros polvorientos llenaban el espacio. En el centro, destacaba una antigua mesa de caoba con un cajón en su base.

Julia, con su agudo instinto, se acercó a la mesa y abrió el cajón con cuidado. En su interior, descubrió un pergamino amarillento. Con manos temblorosas, lo extrajo y comenzó a leer en voz alta.

"El tesoro ancestral se encuentra en el lugar más oscuro, donde la luz no alcanza. Pero solo aquellos que sean capaces de ver más allá de lo evidente podrán encontrarlo. Siguiendo la pista del ave nocturna, encontrarán la clave para desvelar el secreto oculto".

Las palabras resonaron en la habitación, dejando un eco misterioso. El equipo de Julia se miró entre sí, tratando de descifrar el enigma oculto en esas líneas. Emily, con su conocimiento histórico, grabó una leyenda local sobre un ave nocturna que protegía el tesoro de la mansión.

Decididos a seguir la pista, salieron de la habitación principal y se adentraron en los oscuros pasillos de la mansión. La luz de las antorchas proyectaba sombras inquietantes en las paredes, mientras los pasos resonaban en el silencio opresivo.

Después de un tiempo, Mark dijo una pintura en la pared. Era un cuadro de un paisaje nocturno con una ave majestuosa en vuelo. Julia se acercó y notó que los ojos del ave parecían seguir su movimiento. En un impulso, presionó uno de los ojos pintados, revelando un pequeño compartimento secreto detrás del cuadro.

Dentro del compartimiento se encontró un medallón de plata adornado con un búho en relieve. Julia lo sostuvo en sus manos, sintiendo su peso y su importancia. Sabían que habían encontrado la clave para descubrir el siguiente paso del misterio.

Siguiendo las indicaciones del pergamino, el equipo se dirigió a una biblioteca oculta dentro de la mansión. Los estantes estaban repletos de libros antiguos, muchos de ellos cubiertos de polvo y olvido. Emily, con su pasión por la historia, se deleitó al examinarlos mientras buscaban pistas adicionales.

Capítulo IV

El eco del pasado

La bruma matutina se levantaba lentamente sobre el antiguo pueblo, mientras los primeros rayos de sol se filtraban entre los árboles centenarios. Ana, una joven historiadora, caminaba por las empedradas calles del lugar, absorta en sus pensamientos. Había llegado allí para investigar la misteriosa desaparición de una reliquia invaluable, conocida como "El Eco del Pasado".

La reliquia, según la leyenda local, estaba imbuida de un poder ancestral capaz de revelar los secretos ocultos en el pasado. Durante siglos, había permanecido en la iglesia del pueblo, custodiada por generaciones de sacerdotes. Sin embargo, hace algunas semanas, la reliquia había desaparecido sin dejar rastro, consumiendo al pueblo en un estado de desconcierto y desasosiego.

Ana se adentró en la iglesia, cautivada por su arquitectura gótica y el aura de misterio que la envolvía. Allí se encontró con el padre Tomás, el último sacerdote encargado de velar por la reliquia. El hombre de edad avanzada tenia arrugas profundas en el rostro y una mirada melancólica.

El padre Tomás accedió a conversar con Ana y comprartió la historia detrás de la reliquia. Según sus palabras, "El Eco del Pasado" era un antiguo espejo de plata pulida, adornado con intrincados grabados. Se decía que aquellos que se atrevían a mirar en su superficie podrían presenciar eventos del pasado, como si estuvieran allí presentes.

La leyenda narraba que el espejo había sido un regalo de una misteriosa secta conocida como Los Vigilantes, cuyo propósito era preservar la memoria colectiva de la humanidad. Durante siglos, la reliquia se mantuvo oculta en distintos lugares, hasta que finalmente llegó a la iglesia del pueblo.

Ana se sumergió en la historia de los Vigilantes, investigando sus antiguos rituales y su relación con la reliquia. Descubrió que la secta había desaparecido hace siglos, pero su legado perduraba en las sombras. Se decía que aquellos que se atrevían a revelar los secretos de la secta sufrían terribles consecuencias.

Convencida de que la desaparición de la reliquia estaba relacionada con el pasado y los Vigilantes, Ana dedicó a explorar más a fondo. Recorrió la biblioteca del pueblo en busca de referencias a la secta y encontró un antiguo libro polvoriento que hablaba sobre su historia y sus enseñanzas.

El libro revelaba que los Vigilantes habían dejado pistas ocultas a lo largo del tiempo, señales sutiles que solo aquellos con un conocimiento profundo podían descifrar. Ana se sumergió en la lectura, buscando patrones y símbolos que pudieran llevarla a la reliquia perdida.

Días y noches pasaron mientras Ana se sumergía en su investigación. Finalmente, descubrió una serie de pistas que apuntaban a una cueva oculta en las afueras del pueblo. Convencida de que allí encontraría respuestas, se adentro en el lugar.

Capítulo V

El primer hallazgo

El sol radiante iluminaba el paisaje mientras Ana se adentraba en las profundidades de la cueva. Sus pasos resonaban en la oscuridad, y el eco de sus pisadas creaba una sensación de intriga y expectativa. Llevaba consigo una linterna y un mapa antiguo que había encontrado en la biblioteca del pueblo, que indicaba la ubicación exacta del primer hallazgo relacionado con los Vigilantes.

Cada paso que daba la acercaba más a su objetivo. Los muros de la cueva estaban cubiertos de musgo y las estalactitas brillaban con el reflejo de la linterna. La atmósfera era cargada de misterio y emoción. Finalmente, Ana divisó una abertura en la roca, una especie de puerta secreta que había permanecido oculta durante siglos.

Con cuidado, empujó la puerta y se encontró frente a una antigua cripta. La linterna iluminaba un espacio oscuro y polvoriento lleno de sarcófagos y estatuas enigmáticas. Era evidente que nadie había pisado ese lugar en mucho tiempo. Ana avanzó con cautela, respetando el silencio y el ambiente sagrado que lo envolvía.

En una esquina de la cripta, una figura de piedra llamó su atención. Era un guardián tallado con gran detalle, sosteniendo en sus manos un objeto circular. Ana reconoció de inmediato el símbolo grabado en el objeto: era el mismo que aparecía en el espejo perdido, "El Eco del Pasado". Sin dudarlo, tomó el objeto y lo examinó con reverencia.

En ese momento, una brisa fría sopló por la cripta, como un susurro del pasado. Ana se estremeció y se sintió envuelta en una extraña energía. Sabía que estaba en el camino correcto y que aquel hallazgo era solo el comienzo de un viaje mucho más profundo.

Decidió regresar al pueblo y examinar con detenimiento el objeto que había encontrado. La noche caía lentamente mientras Ana se sentaba en su pequeño estudio, rodeada de libros y documentos. El símbolo grabado en el objeto parecía cobrar vida ante sus ojos. Lo comparó con las ilustraciones y descripciones que había encontrado en sus investigaciones sobre los Vigilantes.

Descubrió que el símbolo representaba una constelación específica que solo era visible en ciertos momentos del año. Era como si los Vigilantes hubieran dejado instrucciones precisas sobre cómo utilizar el objeto y desvelar su verdadero propósito. Ana se dio cuenta de que necesitaba estudiar los astros y esperar al momento adecuado para desentrañar el enigma.

Días y noches pasaron mientras Ana se sumergía en la astronomía y en la búsqueda de señales cósmicas. Observaba el cielo estrellado con dedicación, esperando el momento en que la constelación señalada se alineara de manera perfecta. Finalmente, tras semanas de paciencia y estudio, llegó el día esperado.

El cielo nocturno se volvió un lienzo de luces parpadeantes. Ana se ubicó en un lugar estratégico y, sosteniendo el objeto en alto, lo alineó con la constelación señalada. En ese preciso instante, una luz brillante y misteriosa se proyectó desde el objeto, iluminando el camino hacia una nueva revelación.

Guiada por la luz, Ana siguió su camino por los bosques cercanos al pueblo. La luz la condujo hasta una antigua gruta oculta entre los árboles, donde encontró una serie de inscripciones talladas en las paredes. Con emoción, comenzó a descifrar los mensajes grabados en piedra, que parecían revelar el paradero del verdadero tesoro de los Vigilantes.

El corazón de Ana latía con fuerza mientras avanzaba por los pasadizos subterráneos, adentrándose cada vez más en el misterio. Las inscripciones la llevaron a un altar sagrado, donde reposaba un objeto resplandeciente: la reliquia perdida, "El Eco del Pasado". Estaba allí, ante sus ojos, en toda su esplendorosa belleza.

En ese instante, Ana comprendió el verdadero propósito de su búsqueda. No se trataba solo de recuperar la reliquia, sino de preservar el legado de los Vigilantes y mantener viva la memoria del pasado. Con cuidado, tomó el espejo y lo envolvió en un paño, consciente de su valor y de la responsabilidad que recaía sobre sus hombros.

Con el eco del pasado resonando en su mente, Ana regresó al pueblo, lista para enfrentar los desafíos que se avecinaban. Sabía que el hallazgo de la reliquia era solo el comienzo de un largo y arduo camino, pero estaba decidida a descubrir la verdad y honrar la historia que se encontraba en sus manos.

Capítulo VI

Sombras en los pasillos

La llegada de Ana al pueblo con la preciada reliquia, "El Eco del Pasado", fue recibida con gran expectación. La noticia se propagó rápidamente y los habitantes del lugar se congregaron en la plaza principal, ansiosos por presenciar el regreso de la reliquia perdida. Sin embargo, en medio de la celebración, Ana percibió una sensación incómoda, como si una sombra se cerniera sobre ella.

A medida que pasaban los días, Ana se dio cuenta de que no era la única que sentía esa presencia ominosa. Los habitantes del pueblo comentaban sobre extraños sucesos en las calles y en sus propias casas. Susurros en la oscuridad, objetos que se movían solos y figuras fugaces que parecían acecharlos. Algo oscuro y desconocido estaba acechando los pasillos del pueblo.

Intrigada y preocupada por la seguridad de todos, Ana decidió investigar a fondo el origen de esas sombras. A través de sus conocimientos históricos y las pistas que había encontrado, comenzó a buscar conexiones entre los Vigilantes y los eventos actuales. Pronto descubrió que la secta había sido perseguida en el pasado por aquellos que temían su conocimiento y poder.

En sus investigaciones, Ana encontró un diario antiguo que pertenecía a uno de los miembros de los Vigilantes. El diario hablaba de una conspiración que buscaba silenciar a la secta y borrar cualquier rastro de su existencia. Los seguidores de los Vigilantes se habían convertido en víctimas de una caza implacable, y algunos habían desaparecido sin dejar rastro.

Convencida de que las sombras que acechaban el pueblo estaban relacionadas con esa conspiración, Ana se embarcó en una búsqueda para desentrañar la verdad. Exploró la biblioteca del pueblo en busca de libros y documentos antiguos que pudieran revelar más detalles sobre la persecución de los Vigilantes.

Entre los tomos polvorientos y los pergaminos desgastados, Ana encontró una carta sellada con el símbolo de los Vigilantes. Con manos temblorosas, rompió el sello y comenzó a leer las palabras escritas con tinta descolorida. La carta revelaba la existencia de un grupo secreto que aún perseguía el conocimiento de los Vigilantes y estaba dispuesto a todo para mantenerlo oculto.

La misiva también mencionaba la existencia de un escondite secreto, un lugar donde los Vigilantes habían depositado sus conocimientos más valiosos antes de desaparecer. Ana estaba convencida de que ese lugar era clave para comprender las sombras que acechaban el pueblo.

Guiada por la información de la carta, Ana comenzó una búsqueda frenética por el pueblo y sus alrededores. Buscó señales ocultas, siguió pistas dispersas y se adentró en lugares abandonados. En su camino, descubrió antiguos túneles subterráneos que conducían a un viejo monasterio en ruinas.

La oscuridad y el silencio envolvían cada paso que daba. El eco de sus pisadas resonaba en los pasillos desgastados mientras Ana se adentraba en lo desconocido. A medida que avanzaba, las sombras parecían intensificarse, acechándola desde las esquinas y los rincones más oscuros.

Finalmente, Ana llegó a una sala central, donde encontró un altar antiguo con una serie de pergaminos cuidadosamente guardados. Eran los tesoros olvidados de los Vigilantes, llenos de sabiduría y secretos ocultos. Ana se sumergió en la lectura de los manuscritos, buscando respuestas a las sombras que acosaban el pueblo.

Entre las páginas amarillentas, Ana encontró una advertencia: "Aquellos que buscan revelar la verdad serán perseguidos. Las sombras seguirán sus pasos y los acosarán hasta el fin de sus días". La advertencia confirmaba sus sospechas: alguien estaba dispuesto a todo para mantener el secreto de los Vigilantes sepultado en las sombras.

Decidida a enfrentar la amenaza y proteger a su pueblo, Ana regresó con determinación al pueblo. Sabía que había una batalla por delante y que su valentía y conocimiento serían fundamentales para desentrañar los misterios que envolvían a los Vigilantes y sus sombras.

Capítulo VII

Un antiguo diario revelador

La determinación ardía en los ojos de Ana mientras se enfrentaba a las sombras que acosaban el pueblo. Sabía que desentrañar los misterios de los Vigilantes y enfrentar a aquellos que buscaban mantener sus secretos ocultos sería un desafío difícil y peligroso. Sin embargo, estaba dispuesta a luchar por la verdad y la seguridad de su comunidad.

En su incansable búsqueda de respuestas, Ana recordó un antiguo diario que había descubierto en la biblioteca del pueblo. Era un relato personal de uno de los miembros de los Vigilantes y contenía detalles cruciales sobre la secta y los eventos que la rodeaban.

Ana tomó el diario con manos temblorosas y comenzó a leer las páginas amarillentas. El autor del diario, cuyo nombre se había desvanecido con el tiempo, describía con detalle la fundación de los Vigilantes y su misión de preservar la memoria de la humanidad.

En las páginas del diario, Ana encontró referencias a un lugar sagrado llamado el "Santuario de la Sabiduría". Según el autor, este lugar era el corazón de los Vigilantes y contenía conocimientos ancestrales y secretos que podrían cambiar el destino del mundo. El Santuario se encontraba oculto en algún lugar remoto y solo los más valientes y dignos podrían encontrarlo.

Ana se dio cuenta de que el Santuario de la Sabiduría era la clave para comprender la verdadera naturaleza de los Vigilantes y las sombras que acechaban el pueblo. Decidió emprender una búsqueda desafiante y peligrosa para encontrar este lugar sagrado.

Armada con el diario y su valentía, Ana comenzó a seguir las pistas dejadas por el autor en las páginas amarillentas. Viajó a lugares remotos, exploró bosques frondosos y montañas escarpadas, siempre siguiendo las huellas de los Vigilantes.

Días y noches pasaron mientras Ana se adentraba cada vez más en terrenos desconocidos. La esperanza y el temor se mezclaban en su corazón, pero no se detuvo. Sabía que la verdad estaba cerca y que solo ella podría enfrentar las sombras que la acechaban.

Finalmente, tras un arduo camino, Ana llegó a un antiguo templo en ruinas. Las paredes estaban cubiertas de musgo y la entrada estaba bloqueada por siglos de abandono. Sin embargo, nada la detuvo. Con fuerza y determinación, Ana encontró una manera de ingresar al templo y comenzó a explorar su interior.

En el corazón del templo, encontró una sala sagrada, iluminada por tenues rayos de sol que se filtraban a través de las grietas en el techo. El aire estaba cargado de energía ancestral y la presencia de los Vigilantes parecía palpable.

En el centro de la sala, Ana descubrió un pedestal con un libro antiguo. Era el libro de la sabiduría de los Vigilantes, el mismo libro que contenía los secretos más profundos de la secta. Con reverencia, abrió las páginas y comenzó a leer los textos cifrados y los conocimientos ocultos.

A medida que avanzaba en la lectura, los secretos se revelaban ante sus ojos. Descubrió la verdadera naturaleza de los Vigilantes, su misión de preservar el conocimiento y proteger a la humanidad de la oscuridad que amenazaba con consumirla.

Sin embargo, también descubrió la identidad de aquellos que acechaban el pueblo y buscaban mantener los secretos enterrados en sombras. Eran miembros de una antigua organización conocida como los "Oscurantistas", cuyo propósito era silenciar a los Vigilantes y utilizar su conocimiento para sus propios fines siniestros.

Con el libro en sus manos, Ana se dio cuenta de que tenía en su poder la clave para enfrentar a los Oscurantistas y proteger a su pueblo. La verdad estaba al descubierto y ahora dependía de ella utilizarla sabiamente.

Capítulo VIII

La Habitación Sellada

El corazón de Ana latía con fuerza mientras sostenía el libro de la sabiduría de los Vigilantes. Había descubierto la existencia de los Oscurantistas, una organización decidida a mantener ocultos los secretos de los Vigilantes y utilizar su conocimiento con fines malévolos. Con determinación, Ana se preparó para enfrentar a este enemigo y proteger a su pueblo.

Guiada por la información del libro, Ana supo que debía encontrar una habitación sellada en el antiguo templo de los Vigilantes. Esta habitación contenía una verdad crucial, una revelación que cambiaría el rumbo de la lucha contra los Oscurantistas. Con valentía, se adentró en las profundidades del templo para encontrar la entrada a esta misteriosa sala.

El interior del templo estaba lleno de desafíos. Pasillos oscuros y trampas mortales ponían a prueba la determinación de Ana en cada paso. Pero su determinación no flaqueó. Con cada obstáculo superado, se acercaba más a la habitación sellada y a la verdad que yacía dentro de ella.

Finalmente, después de enfrentar innumerables desafíos, Ana encontró la entrada a la habitación sellada. Las puertas de madera estaban cubiertas de polvo y se abrieron lentamente, revelando una habitación repleta de antiguos pergaminos y artefactos. La atmósfera estaba cargada de energía, como si el conocimiento y la historia se manifestaran en cada rincón.

Ana se adentró con cautela en la habitación, sintiendo la mirada de los antiguos Vigilantes sobre ella. Buscó entre los pergaminos y los artefactos, buscando respuestas que pudieran ayudarla en su lucha contra los Oscurantistas. Encontró mapas antiguos, símbolos codificados y escritos que narraban las batallas libradas por los Vigilantes en el pasado.

Pero fue un pergamino en particular el que llamó su atención. Estaba cuidadosamente enrollado y sellado con un sello antiguo. Con manos temblorosas, rompió el sello y comenzó a leer las palabras grabadas en el pergamino. Era una revelación impactante.

El pergamino hablaba de un antiguo artefacto conocido como "La Llave del Destino". Según el escrito, este artefacto tenía el poder de desvelar y cambiar el destino de aquellos que lo poseyeran. Los Vigilantes habían guardado esta reliquia con el propósito de utilizarla sabiamente y evitar que cayera en manos equivocadas.

Ana comprendió la importancia de la Llave del Destino en su lucha contra los Oscurantistas. Si pudiera encontrar y utilizar este artefacto, tendría una oportunidad real de desafiar y derrotar a sus enemigos. Pero la búsqueda de la Llave no sería fácil. Estaba oculta en un lugar desconocido, protegida por pruebas y guardianes que aseguraban su seguridad.

Decidida a encontrar la Llave del Destino, Ana se sumergió en la investigación y la búsqueda de pistas. Siguió las enseñanzas de los Vigilantes en el libro de la sabiduría y consultó los mapas y escritos que había encontrado en la habitación sellada. A medida que avanzaba en su investigación, descubrió que la Llave del Destino estaba ligada a un antiguo santuario perdido en las profundidades de un bosque prohibido.

Con coraje y determinación, Ana se adentró en el bosque, enfrentando peligros y desafíos en cada paso. El viento soplaba entre los árboles, susurros inquietantes resonaban en el aire y las sombras acechaban en la oscuridad. Pero Ana no se detuvo. Estaba decidida a encontrar la Llave del Destino y usar su poder para proteger a su pueblo y desenmascarar a los Oscurantistas.

Capítulo IX

El Secreto de la Biblioteca

Ana se adentró en el bosque prohibido, siguiendo las pistas que la llevarían al antiguo santuario donde se encontraba la Llave del Destino. Cada paso estaba lleno de peligro y misterio, pero su determinación era inquebrantable. Sabía que estaba cerca de descubrir el secreto que cambiaría el curso de la lucha contra los Oscurantistas.

Después de horas de caminar entre árboles ancestrales y senderos ocultos, Ana llegó a un claro donde se alzaba majestuosamente el antiguo santuario. Las ruinas revelaban la grandeza que alguna vez tuvo, y la sensación de energía sagrada llenaba el aire.

Con cuidado, Ana ingresó al santuario y comenzó a explorar sus pasillos y salas. Las paredes estaban adornadas con símbolos antiguos y grabados enigmáticos. Cada paso la acercaba más a la Llave del Destino y a su misión de enfrentar a los Oscurantistas.

En el corazón del santuario, Ana encontró una biblioteca olvidada. Estantes de madera cubiertos de polvo sostenían libros antiguos y pergaminos desgastados. La biblioteca emanaba un aire de conocimiento y misterio, como si guardara secretos ancestrales que esperaban ser revelados.

Ana sabía que el secreto de la lucha contra los Oscurantistas se encontraba dentro de los confines de esta biblioteca. Comenzó a examinar los títulos y las estanterías en busca de pistas que la guiaran hacia la Llave del Destino y el conocimiento que necesitaba para enfrentar a sus enemigos.

Entre los libros polvorientos, Ana encontró uno que destacaba. Su título era "El Libro de los Destinos" y su encuadernación era cubierta de cuero gastado. Con manos temblorosas, abrió sus páginas y comenzó a leer las palabras que contenía.

El libro revelaba que la Llave del Destino estaba escondida dentro de la biblioteca misma. Pero no era un objeto físico que pudiera ser tomado y utilizado. Era un conocimiento, una comprensión profunda del destino y cómo influir en él. Aquellos que descifraran los enigmas y desafíos de la biblioteca serían recompensados con el poder de cambiar su propio destino y el de aquellos que los rodeaban.

Decidida a enfrentar el desafío, Ana comenzó a examinar los enigmas y acertijos que la biblioteca le presentaba. Cada prueba estaba diseñada para poner a prueba su inteligencia, su intuición y su capacidad para descifrar los secretos ocultos en los libros y los símbolos.

A medida que avanzaba, Ana descubrió que la biblioteca estaba llena de conocimientos antiguos y revelaciones sorprendentes. Aprendió sobre los ciclos del tiempo, la influencia de las elecciones en el destino y el poder que cada individuo tenía para cambiar su propia historia.

Pero mientras resolvía los desafíos de la biblioteca, Ana también se encontró con información sobre los Oscurantistas. Descubrió que esta organización estaba empeñada en alterar los destinos de las personas para sus propios fines egoístas. Utilizaban su conocimiento para manipular y controlar a otros, sembrando caos y oscuridad en el mundo.

Con cada prueba superada, Ana se acercaba más a la revelación final. Finalmente, llegó a la última sala de la biblioteca, donde encontró un pedestal vacío esperando la Llave del Destino. Sintiendo la importancia del momento, cerró los ojos y se concentró en su propósito.

En ese instante, una revelación la iluminó. Comprendió que la verdadera Llave del Destino no estaba fuera de ella, sino dentro. Era su valentía, su sabiduría y su voluntad de enfrentar a los Oscurantistas lo que le otorgaba el poder de cambiar su propio destino y el destino de su pueblo.

Con determinación renovada, Ana salió de la biblioteca, lista para enfrentar a los Oscurantistas y proteger a su comunidad. Había descubierto el secreto de la biblioteca, el poder de cambiar el destino a través del conocimiento y la voluntad.

Capítulo X

El enigma de la llave perdida

Ana salió de la biblioteca, con el conocimiento y la determinación en su corazón. Estaba lista para enfrentar a los Oscurantistas y usar el poder de la Llave del Destino para proteger a su comunidad y desvelar la verdad oculta por tanto tiempo.

Sin embargo, antes de poder enfrentar a los Oscurantistas, Ana se enfrentaba a un nuevo desafío. El libro de la sabiduría de los Vigilantes mencionaba un enigma crucial relacionado con la Llave del Destino. Según el libro, solo aquellos dignos y valientes podrían descubrir el paradero de la Llave, y este conocimiento estaba protegido por una serie de pruebas y acertijos.

Decidida a resolver el enigma, Ana se adentró en un viaje de descubrimiento. Consultó los mapas, los escritos y los símbolos que había encontrado en su camino, buscando pistas que la guiaran hacia la ubicación de la Llave perdida. Cada acertijo resuelto y cada prueba superada la acercaba más a su objetivo.

El primer hacertijo que Ana encontró estaba relacionado con la historia de los Vigilantes y su propósito de preservar la sabiduría ancestral. Debía demostrar su conocimiento sobre los eventos pasados y las enseñanzas de los Vigilantes para avanzar al siguiente desafío. Con paciencia y determinación, Ana respondió a cada pregunta con sabiduría y precisión, obteniendo las pistas necesarias para continuar.

El siguiente desafío la llevó a un laberinto subterráneo oculto en las profundidades del bosque. Ana se enfrentó a un laberinto lleno de trampas y engaños, donde cada paso podía ser fatal. Con astucia y atención, trazó su camino, evitando las trampas mortales y siguiendo las pistas escondidas en las paredes del laberinto. Después de horas de perseverancia, logró salir victoriosa del laberinto, más cerca de encontrar la Llave del Destino.

El tercer desafío la llevó a un templo antiguo en lo alto de una montaña. El templo estaba custodiado por guardianes ancestrales que protegían la Llave con su vida. Para ganar su confianza y obtener la clave que la llevaría a la Llave, Ana debía demostrar su valentía y su determinación para luchar por el bien mayor. Con habilidades de combate y un corazón lleno de coraje, Ana enfrentó a los guardianes en una batalla épica, ganando su respeto y revelando la clave que necesitaba.

Finalmente, Ana llegó al último desafío: una puerta misteriosa que guardaba la Llave del Destino. Esta puerta requería un código numérico para ser desbloqueada, pero la combinación exacta era un enigma que debía ser resuelto. Ana estudió los símbolos y las pistas a su alrededor, buscando el patrón que revelaría la respuesta correcta. Con perseverancia y astucia, descifró el código y desbloqueó la puerta, revelando un altar donde reposaba la Llave del Destino.

Al tomar la Llave en sus manos, Ana sintió una corriente de energía fluir a través de ella. Era un símbolo de poder y responsabilidad, la herramienta que necesitaba para enfrentar a los Oscurantistas y proteger a su comunidad. Sabía que el destino de todos estaba en sus manos y estaba decidida a utilizar el poder de la Llave con sabiduría y compasión.

Con la Llave del Destino en su posesión, Ana se preparó para el último enfrentamiento. Sabía que los Oscurantistas no se rendirían fácilmente y que tendría que luchar con todas sus fuerzas para proteger lo que era justo. Con valentía en su corazón y la determinación en sus ojos, se adentró en la oscuridad para desafiar a los Oscurantistas y desvelar la verdad oculta.

Capítulo XI

El Susurro de los Retratos

El ambiente estaba cargado de tensión mientras Ana se adentraba en el territorio de los Oscurantistas, portando la poderosa Llave del Destino en sus manos. Sabía que enfrentaría desafíos y peligros, pero estaba decidida a desvelar la verdad oculta y liberar a su pueblo de la oscuridad que los acechaba.

A medida que avanzaba por los pasillos sombríos, Ana notó una serie de retratos antiguos que adornaban las paredes. Los ojos pintados en los lienzos parecían seguir cada uno de sus movimientos, como si estuvieran vivos. Intrigada por esta extraña presencia, Ana se acercó a uno de los retratos y escuchó un susurro tenue.

Los retratos empezaron a hablar, revelando fragmentos de la historia y los secretos de los Oscurantistas. Contaban historias de traición, codicia y manipulación. Ana comprendió que estos retratos eran testigos silenciosos de los oscuros actos perpetrados por los miembros de la organización. Eran guardianes de la verdad que, a pesar de su cautiverio en los lienzos, deseaban que sus secretos fueran revelados.

Guiada por los susurros de los retratos, Ana se adentró en una sala principal donde una figura sombría la esperaba. Era el líder de los Oscurantistas, un ser despiadado y poderoso que estaba dispuesto a hacer cualquier cosa para mantener ocultos sus secretos.

El líder de los Oscurantistas la desafió, lanzando rayos oscuros y sombras malignas para detener su avance. Pero Ana, fortalecida por el conocimiento y el poder de la Llave del Destino, se defendió valientemente. Utilizó su sabiduría y su destreza para esquivar los ataques y contraatacar con fuerza.

En medio del combate, Ana notó que los retratos en las paredes comenzaron a brillar intensamente. Sus voces se unieron en un coro poderoso y lleno de determinación, proporcionándole fuerza adicional para enfrentar al líder de los Oscurantistas. Con cada golpe, el coro de los retratos resonaba más fuerte, debilitando la oscuridad y fortaleciendo la luz que emanaba de Ana.

Finalmente, con un golpe final y certero, Ana logró derrotar al líder de los Oscurantistas. El silencio se apodero de la sala, y los retratos volvieron a su estado inerte en las paredes. La victoria llenó el corazón de Ana, pero sabía que su misión aún no había terminado. Aún había secretos que debían ser revelados y un pueblo que necesitaba la verdad.

Ana se acercó a uno de los retratos y lo tocó suavemente. Este se desvaneció y se transformó en una puerta secreta que conducía a una cámara oculta. En el interior, encontró una colección de libros antiguos y escritos que detallaban las maquinaciones de los Oscurantistas y sus planes malévolos.

A medida que Ana exploraba los escritos, descubrió una conexión profunda entre los Oscurantistas y la destrucción de su propia familia. La verdad salió a la luz: los Oscurantistas habían manipulado su destino desde el principio, llevándola a creer en una mentira y convirtiéndola en una amenaza para ellos.

El susurro de los retratos había revelado la verdad oculta, y Ana sabía que debía compartir este conocimiento con su pueblo. Los Oscurantistas debían ser desenmascarados, y la justicia debía prevalecer.

Con la Llave del Destino en una mano y los escritos reveladores en la otra, Ana regresó a su pueblo. La noticia de su victoria se extendió rápidamente, y la comunidad se unió en una celebración de libertad y esperanza.

La verdad se convirtió en el arma más poderosa contra los Oscurantistas. Con cada palabra que Ana pronunciaba, la influencia de la organización malévola se debilitaba. Los miembros de la comunidad se unieron para enfrentar la oscuridad, armados con el conocimiento y la determinación de luchar por un futuro mejor.

Los días de los Oscurantistas estaban contados. La Llave del Destino, el susurro de los retratos y la valentía de Ana habían desencadenado un cambio irreversible. La verdad brillaba como una antorcha, iluminando cada rincón oscuro y revelando la esperanza que se encontraba oculta.

El siguiente capítulo marcaría el enfrentamiento final. Los Oscurantistas estaban acorralados, y Ana lideraría a su pueblo en la batalla definitiva por la justicia y la libertad.

Capítulo XII

Entre Sombras y Suspenso

El pueblo se preparaba para el enfrentamiento final contra los Oscurantistas. La noticia de la verdad revelada por Ana había generado una ola de esperanza y determinación en cada miembro de la comunidad. Juntos, se habían convertido en una fuerza imparable, dispuestos a luchar por la justicia y liberarse de la opresión de los Oscurantistas.

La noche anterior a la batalla, Ana caminaba por las calles de su pueblo, sumida en sus pensamientos. El aire estaba lleno de tensión y anticipación. Las luces de las casas brillaban débilmente, pero había un aura de valentía y resolución que rodeaba a cada residente. Todos sabían que la lucha sería dura y peligrosa, pero estaban dispuestos a arriesgarlo todo por un futuro mejor.

En medio de las sombras de la noche, Ana se encontró con un misterioso personaje que emergió de la oscuridad. Era un anciano sabio que había sido testigo de los engaños y manipulaciones de los Oscurantistas durante años. Con su voz suave y sabia, le ofreció consejo a Ana.

"El camino que has emprendido es valiente, pero debes estar preparada para lo que se avecina", le dijo el anciano. "Los Oscurantistas son astutos y despiadados. No te dejarán avanzar sin luchar.

Debes confiar en tu intuición y en el poder de la verdad que llevas contigo".

Ana asintió, agradecida por las palabras de aliento y sabiduría. Sabía que el anciano tenía razón y que enfrentaría desafíos difíciles. Se despidió del anciano y se dirigió hacia el centro del pueblo, donde se encontraba el cuartel general de los Oscurantistas.

El lugar estaba envuelto en una atmósfera oscura y amenazante. Las sombras danzaban en cada rincón, creando un ambiente de suspenso. Ana y su comunidad avanzaron valientemente, decididos a poner fin a la opresión y liberar a su pueblo de una vez por todas.

Los Oscurantistas emergieron de las sombras, listos para enfrentarse a los rebeldes. Una batalla épica se desató, con destellos de luz y explosiones de energía. Ana lideraba con valentía, utilizando el poder de la Llave del Destino para enfrentar a sus enemigos y proteger a los suyos.

El suspenso llenaba el aire mientras las fuerzas chocaban una y otra vez. Los Oscurantistas no se rendían fácilmente y mostraban su crueldad y astucia en cada movimiento. Pero la comunidad estaba unida y no flaqueaba ante la adversidad. Cada miembro luchaba con coraje y determinación, inspirados por la valentía de Ana y su búsqueda de la verdad.

En medio de la batalla, Ana se encontró cara a cara con el líder de los Oscurantistas, el ser despiadado que había gobernado con puño de hierro durante tanto tiempo. Sus ojos brillaban con malicia y desprecio, desafiando a Ana a enfrentarlo.

La batalla entre ambos fue intensa. Cada movimiento estaba cargado de fuerza y ferocidad. Ana se valió de su inteligencia y habilidad para enfrentar al líder de los Oscurantistas, mientras este utilizaba todas sus artimañas para intentar derrotarla.

Pero en el momento crucial, cuando parecía que la balanza se inclinaba a favor de los Oscurantistas, la comunidad se unió en un último esfuerzo. Juntos, con determinación y coraje, lograron debilitar al líder y desarmarlo.

La luz de la victoria finalmente brilló sobre el pueblo. Los Oscurantistas habían sido derrotados y su opresión había llegado a su fin. La verdad y la justicia habían triunfado.

El capítulo concluyó con el pueblo celebrando su libertad y reconstruyendo su comunidad. Ana, como líder valiente, se convirtió en la voz de la verdad y la esperanza para todos. Prometió proteger los valores de la comunidad y asegurarse de que nunca más caerían en las garras de la oscuridad.

La historia de Ana y su lucha contra los Oscurantistas se convirtió en una leyenda, transmitida de generación en generación. Sirvió como un recordatorio de la importancia de enfrentar la verdad, incluso en medio de las sombras más oscuras, y de la fuerza que se puede encontrar en la unidad y la valentía.

El susurro de los retratos y el suspenso de la batalla habían llevado a Ana y su pueblo a la victoria. Pero sabían que su lucha no terminaba allí. Siempre habría nuevas sombras que enfrentar y nuevos desafíos por superar. Sin embargo, estaban preparados para enfrentar el futuro con valentía y determinación, sabiendo que juntos podrían superar cualquier obstáculo.

Capítulo XIII

El oscuro sótano

Después de la victoria sobre los Oscurantistas, el pueblo había recuperado su paz y esperanza. Ana se convirtió en una líder venerada y respetada, pero sabía que todavía había asuntos pendientes que requerían su atención. Uno de ellos era el oscuro sótano que se encontraba en el corazón del antiguo cuartel general de los Oscurantistas.

El sótano era un lugar prohibido, envuelto en misterio y peligro. Se decía que contenía secretos oscuros y poderes malignos que podrían ser desatados si se abría. Ana sentía una llamada irresistible hacia ese lugar, sabiendo que había más por descubrir y enfrentar.

Con valentía y determinación, Ana decidió explorar el sótano. Reunió a un grupo de voluntarios valientes de la comunidad y se adentraron en las profundidades de la oscuridad. La escalera que conducía al sótano crujía bajo sus pies, como si estuviera viva y tratara de advertirles del peligro que les aguardaba.

Al llegar al sótano, una sensación de opresión se apoderó de ellos. El aire era denso y frío, y las sombras parecían cobrar vida propia. Pero Ana y su grupo no se dejarían intimidar. Avanzaron con cautela, iluminando su camino con antorchas y manteniéndose juntos para enfrentar cualquier cosa que encontraran.

A medida que exploraban el sótano, descubrieron pasillos estrechos y habitaciones vacías. Pero había algo inquietante en el ambiente, como si estuvieran siendo observados por ojos invisibles. Cada paso que daban resonaba en la oscuridad, creando un eco que llenaba el espacio con una sensación de intranquilidad.

De repente, llegaron a una puerta antigua y desgastada. Ana sintió una energía oscura emanando de ella. Estaba segura de que detrás de esa puerta se encontraban los secretos más profundos y peligrosos de los Oscurantistas. Con una mirada determinada, decidió abrir la puerta y enfrentar lo que fuera que aguardara al otro lado.

La habitación revelada estaba llena de objetos siniestros y libros antiguos con tapas de cuero desgastado. Ana se acercó a una mesa en el centro de la habitación y examinó los escritos. Eran registros detallados de los experimentos y rituales oscuros llevados a cabo por los Oscurantistas.

A medida que Ana leía, su horror crecía. Descubrió que los Oscurantistas habían estado utilizando magia negra para manipular la realidad y controlar a la gente. Sus experimentos eran crueles y despiadados, y habían causado un gran sufrimiento en su comunidad.

Pero lo más impactante de todo fue el descubrimiento de un antiguo artefacto escondido en un rincón oscuro de la habitación. Era una reliquia poderosa y peligrosa conocida como "El Amuleto de las Sombras". Este amuleto estaba imbuido de un poder maligno que podía corromper a cualquiera que lo poseyera.

Ana sabía que el amuleto debía ser destruido para evitar que cayera en las manos equivocadas. Pero también comprendió que no podría hacerlo sola. Necesitaba la ayuda y el apoyo de su comunidad para enfrentar esta nueva amenaza.

Regresó al pueblo y convocó una reunión urgente. Explicó lo que había descubierto en el sótano y la existencia del Amuleto de las Sombras. Instó a todos a unirse unevamente y luchar contra esta nueva oscuridad que amenazaba con resurgir.

La comunidad respondió sin vacilar. Juntos, se prepararon para la batalla final contra el Amuleto de las Sombras. Ana lideró a su pueblo con coraje y determinación, sabiendo que esta lucha sería aún más difícil que las anteriores.

La noche de la confrontación final llegó. La comunidad se reunió en el sótano, armados con sus mejores armas y protecciones mágicas. La tensión en el aire era palpable mientras se enfrentaban al Amuleto de las Sombras, cuyo poder oscuro se intensificaba con cada momento.

La batalla fue épica y desgarradora. Las fuerzas de la oscuridad intentaron aplastar a los defensores, pero su determinación y unidad eran más fuertes. Ana y su pueblo lucharon con valentía, utilizando la magia de la luz y el poder de la verdad para contrarrestar la influencia del Amuleto.

Finalmente, con un último esfuerzo colectivo, lograron destruir el Amuleto de las Sombras. Un destello de luz brillante llenó la habitación, disipando la oscuridad y restaurando la paz.

El pueblo celebró su victoria una vez más, sabiendo que habían enfrentado y superado su mayor amenaza hasta el momento. Ana agradeció a su comunidad por su valentía y lealtad, reconociendo que su unidad y apoyo mutuo habían sido fundamentales para su éxito.

El oscuro sótano había sido explorado y el Amuleto de las Sombras destruido, pero Ana sabía que siempre habría nuevas batallas que enfrentar. La oscuridad nunca desaparecería por completo, pero ahora su pueblo estaba preparado para enfrentarla con valentía y determinación.

Capítulo XIV

El Encuentro en la Torre

Tras la destrucción del Amuleto de las Sombras, la comunidad se regocijaba en su victoria sobre las fuerzas de la oscuridad. Sin embargo, Ana sabía que aún quedaban asuntos pendientes por resolver. Un último desafío se alzaba ante ellos: el encuentro en la torre.

La torre se alzaba majestuosa en el corazón del pueblo, una estructura antigua y misteriosa que había sido el punto focal del poder de los Oscurantistas durante décadas. Se decía que en su interior se escondían secretos ocultos y la clave para desentrañar los misterios del pasado.

Ana, acompañada por un grupo de voluntarios valientes, decidió adentrarse en la torre y enfrentar lo que fuera que les esperaba. Subieron escalera tras escalera, sintiendo la energía mágica y opresiva que impregnaba el lugar. Cada paso que daban resonaba en la estructura, creando una sensación de expectación y misterio.

Finalmente, llegaron a la cima de la torre, donde una puerta maciza bloqueaba su camino. Con una mirada decidida, Ana empujó la puerta y se adentró en una sala vasta y oscura. Las paredes estaban cubiertas de pinturas y pergaminos antiguos, y una figura solitaria aguardaba en el centro de la habitación.

Era el último de los Oscurantistas, el líder supremo que había permanecido oculto en las sombras. Su presencia emanaba un aura de poder y malicia. Miró a Ana con ojos fríos y despiadados, desafiándola a enfrentarlo.

La sala se llenó de tensión mientras Ana y el líder de los Oscurantistas se enfrentaban. Una batalla de voluntades se desató, con palabras afiladas y miradas penetrantes. Ana se negaba a dejarse intimidar por la presencia oscura y utilizaba su sabiduría y experiencia para contrarrestar los ataques verbales del líder.

Pero pronto quedó claro que la magia estaba en juego. El líder de los Oscurantistas desató hechizos poderosos, desafiando a Ana y poniendo a prueba su resistencia. La sala se llenó de destellos de luz y ráfagas de energía, mientras ambos luchaban por prevalecer.

En el momento álgido de la batalla, Ana descubrió un secreto. En un rincón oscuro de la sala, había un retrato antiguo que parecía ocultar algo importante. Se acercó y lo examinó detenidamente, descubriendo un mensaje oculto que revelaba la debilidad del líder de los Oscurantistas.

Con la nueva información en su poder, Ana dirigió su atención hacia el líder. Le recordó sus propias palabras y lo confrontó con la verdad que había descubierto. El líder, confundido y vulnerable, retrocedió, revelando una grieta en su armadura.

En ese momento, Ana desató su golpe final. Utilizando su conocimiento y sabiduría, lanzó un hechizo poderoso que debilitó al líder de los Oscurantistas y lo dejó indefenso. La sala tembló con la derrota del líder supremo, y el eco de su caída resonó en las paredes de la torre.

El encuentro en la torre había llegado a su fin. Ana y su grupo habían triunfado sobre el último vestigio del poder oscuro. La comunidad, que había seguido la batalla con temor y esperanza, celebraba una vez más la victoria sobre la oscuridad.

En los días siguientes, el pueblo reconstruyó la torre y la convirtió en un símbolo de la lucha y la resiliencia. Se erigió una estatua en honor a Ana y a todos aquellos que habían luchado contra los Oscurantistas. La estatua representaba la valentía y la sabiduría, y servía como un recordatorio constante de la fuerza del espíritu humano.

El encuentro en la torre marcó el final de una era oscura y el comienzo de una nueva era de luz y esperanza para el pueblo. Ana, como líder valiente y sabia, se convirtió en la guardiana de la historia y en la voz de la verdad y la justicia.

Pero Ana sabía que siempre habría desafíos y amenazas que enfrentar. La lucha contra la oscuridad era un viaje interminable, y ella estaba dispuesta a liderar a su pueblo en cada paso del camino.

Capítulo XV

La Última Pieza del Rompecabezas

Después de la victoria en la torre, el pueblo se encontraba en un estado de renovada esperanza y alegría. Sin embargo, Ana sabía que todavía había una última pieza del rompecabezas por descubrir. Había una verdad oculta que aún no se había revelado por completo, y estaba decidida a desentrañarla.

Investigando a través de los archivos y registros de los Oscurantistas, Ana descubrió una pista que la llevó a un lugar remoto en las afueras del pueblo: una cueva antigua y olvidada. La cueva estaba envuelta en un aura de misterio y poder, y Ana sabía que era allí donde encontraría la respuesta que había estado buscando.

Con valentía, Ana se adentró en la cueva, iluminando su camino con una antorcha. Las paredes rocosas parecían susurrarle secretos mientras avanzaba cada vez más en lo desconocido. Finalmente, llegó a una cámara central, donde descubrió un pedestal de piedra antiguo.

Sobre el pedestal descansaba una llave antigua y ornamentada. Ana sabía que esta llave era la clave para desvelar el último secreto. Con cuidado, la tomó entre sus manos, sintiendo una extraña energía fluir a través de ella. Sabía que esta llave abriría la puerta hacia la verdad que tanto había anhelado descubrir.

Siguiendo su intuición, Ana regresó al pueblo con la llave en su posesión. Convocó a la comunidad y les explicó lo que había encontrado y su importancia. Juntos, decidieron buscar el lugar donde encajaba la llave y desvelar el último secreto que había estado guardado durante tanto tiempo.

Guiados por la intuición y la determinación, Ana y el pueblo se aventuraron hacia un antiguo edificio que se había mantenido cerrado durante años. En la entrada, encontraron una puerta masiva, cubierta de polvo y cubierta de enredaderas. Era evidente que nadie había entrado allí en mucho tiempo.

Con el corazón palpitante, Ana insertó la llave en la cerradura de la puerta. Un clic resonó en el aire, y la puerta se abrió lentamente, revelando una habitación llena de tesoros y artefactos antiguos. En el centro de la habitación, se encontraba un gran libro encuadernado en cuero.

Ana se acercó al libro con cautela y lo abrió. Era un diario antiguo, lleno de escrituras y dibujos detallados. Las páginas amarillentas contaban la historia de los fundadores del pueblo y sus luchas contra las fuerzas de la oscuridad. Era un registro exhaustivo de todo lo que habían enfrentado y los sacrificios que habían hecho para proteger a su comunidad.

Mientras Ana leía las palabras en las páginas del diario, su corazón se llenó de una mezcla de asombro y comprensión. Finalmente, había descubierto la última pieza del rompecabezas. El diario revelaba la verdad detrás de los Oscurantistas y su influencia en el pueblo.

Resultó que los Oscurantistas habían surgido de una antigua maldición que había acechado la región durante siglos. Eran descendientes de aquellos que habían hecho un pacto oscuro con fuerzas malignas en busca de poder y dominio. Pero también se reveló que los fundadores del pueblo, guiados por la sabiduría ancestral, habían jurado proteger a su comunidad y luchar contra la oscuridad hasta su último aliento.

Ana compartió esta revelación con la comunidad, y todos se maravillaron ante la historia y la valentía de sus antepasados. A través de sus sacrificios y determinación, habían asegurado la supervivencia del pueblo a lo largo de los siglos.

La última pieza del rompecabezas había sido encontrada, y Ana se sintió abrumada por un sentido de gratitud y propósito. Había completado su misión de desentrañar los secretos del pasado y había ayudado a su pueblo a encontrar la paz y la comprensión.

A medida que el pueblo celebraba este descubrimiento, Ana se dio cuenta de que su papel como líder estaba llegando a su fin. Había guiado a su comunidad a través de la oscuridad y el peligro, y ahora era el momento de que otros tomaran el relevo y continuaran su legado.

Con el corazón lleno de gratitud y esperanza, Ana se retiró de su papel como líder, confiando en que el pueblo estaría en buenas manos. Sabía que su historia viviría en los corazones de todos y que las lecciones aprendidas se transmitirían de generación en generación.

El último secreto había sido revelado, pero el camino hacia la luz y la sabiduría continuaría. Ana, ahora una figura venerada y respetada, estaba lista para embarcarse en su próximo capítulo, sabiendo que el pasado había sido honrado y que el futuro estaría lleno de posibilidades y esperanza.

Capítulo XVI

El Desenlace Revelador

Después de haber descubierto la verdad detrás de los Oscurantistas y haber desentrañado los secretos ocultos del pasado, el pueblo estaba listo para enfrentar su desenlace. Ana, habiendo completado su papel como líder y guardiana de la historia, se encontraba en un estado de reflexión y preparación para el siguiente capítulo de su vida.

El pueblo se había reunido en la plaza central para presenciar un evento importante. Todos los habitantes, desde los más jóvenes hasta los más ancianos, estaban ansiosos por escuchar las palabras de Ana, quien había liderado a su comunidad a través de la oscuridad y había revelado la verdad oculta.

Ana subió al escenario, rodeada de un aura de sabiduría y serenidad. Miró a los rostros expectantes de su gente y sintió una oleada de gratitud y amor. Sabía que había cumplido su deber y ahora era el momento de transmitir su conocimiento y sabiduría a las generaciones futuras.

Con una voz clara y tranquila, Ana comenzó a relatar la historia del pueblo. Desde los primeros días de los fundadores hasta la batalla contra los Oscurantistas, compartió cada detalle y cada lección aprendida. Su narración resonó en los corazones de todos los presentes, y los lazos de comunidad se fortalecieron aún más.

A medida que Ana hablaba, los habitantes del pueblo comenzaron a comprender el significado de su historia y el papel crucial que cada uno de ellos tenía en la preservación del legado de sus antepasados. Comprendieron que su fuerza y unidad residían en su conocimiento y en su determinación de mantener viva la luz y la sabiduría.

Después de su discurso, Ana hizo un llamado a los jóvenes para que se levantaran y asumieran el desafío de liderar la comunidad en los años venideros. Les instó a aprender de la historia y a honrar a sus antepasados, recordando siempre la importancia de la verdad, la justicia y la resistencia contra las fuerzas de la oscuridad.

Uno a uno, los jóvenes se acercaron a Ana, aceptando el desafío y prometiendo llevar adelante la llama encendida por sus antepasados. Ana los bendijo y les entregó símbolos sagrados que representaban la sabiduría y la protección.

Con el traspaso de liderazgo completado, el pueblo se volvió hacia el futuro con esperanza renovada. Sabían que había desafíos por delante, pero también sabían que tenían la fuerza y los conocimientos necesarios para superar cualquier adversidad.

Los días pasaron y el pueblo se embarcó en una nueva era de crecimiento y prosperidad. Los jóvenes líderes se esforzaron por preservar el legado ancestral y por guiar a la comunidad hacia un futuro lleno de luz y armonía. Se establecieron programas de educación y se fomentó el estudio de la historia y la magia para que las generaciones futuras pudieran mantener viva la sabiduría de sus antepasados.

Ana, habiendo cumplido su papel como líder y transmisora de la verdad, decidió retirarse a una vida de contemplación y estudio. Se instaló en una pequeña cabaña en las afueras del pueblo, rodeada de libros antiguos y artefactos históricos. Allí, continuó su investigación y escribió relatos de la historia del pueblo, asegurándose de que las lecciones aprendidas nunca se olvidaran.

Con el tiempo, Ana se convirtió en una figura legendaria, cuyos relatos y enseñanzas eran transmitidos de generación en generación. Su espíritu y sabiduría permanecieron como un faro de inspiración y guía para todos aquellos que se encontraban en busca de la verdad y la justicia.

El desenlace revelador marcó el comienzo de una nueva era para el pueblo, una era en la que la luz prevalecía sobre la oscuridad y en la que la historia y el conocimiento se valoraban como tesoros invaluables. El pueblo honró a sus antepasados y miró hacia el futuro con esperanza y determinación, sabiendo que su legado viviría en cada corazón y en cada acción.

Y así, la historia llega a su fin. Pero las enseñanzas y la sabiduría de Ana perdurarán en las páginas de los libros y en las mentes de aquellos que escucharon su historia. La luz prevalecerá siempre, y la verdad será el faro que guíe a aquellos que buscan el camino hacia la justicia y la paz.

Fin.